N° 1224.

—

ASSEMBLÉE NATIONALE.
ANNÉE 1872.

Annexe au procès-verbal de la séance du 17 juin 1872.

RAPPORT

FAIT

AU NOM DE LA COMMISSION DES MARCHÉS [*]

(Affaire Vallobra),

PAR M. VITALIS,
Membre de l'Assemblée nationale.

Messieurs,

Le 21 novembre 1870, MM. Vallobra, Delapierre et C* ont passé à Tours avec M. l'Intendant de Lorme un marché de 100,000 hâvre-sacs.

Par l'article premier les sieurs Vallobra, Delapierre et C* s'engageaient à livrer dans le délai de quarante jours à partir de la date

---

[*] Cette Commission est composée de MM. le duc d'Audiffret-Pasquier, *Président*; le marquis d'Andelarre, de Corcelle, *Vice-Présidents*; le marquis de Mornay, Savary, de Guiraud, le comte Octave de Bastard, *Secrétaires*; Ancel, Toupet des Vignes, Blavoyer, Bozérian, de La Bouillerie, Teisserenc de Bort, l'Amiral de Montaignac, Arbel, de Kergariou, le comte Rampon, Martell (Charente), Boduin, Prax-Paris, Balsan, Dufournel, Vétillart, Busson-Duviviers, Descilligny, Maurice, le vicomte de Gontaut-Biron, Germonière, Joubert, Wilson, Gaslonde, Adam (Pas-de-Calais), Ganivet, Lacave-Laplagne, Des Rotours, Beau, Tarteron, le comte L. de Ségur, Peulvé, Julien, Daussel, Buisson (de l'Aude), le comte de Béthune, de Combarieu, Bastid (Raymond), Martel (Pas-de-Calais), Riant, Rouveure, de Saint-Victor, Waddington, de Ravinel, Vitalis, le baron Eschasseriaux, Jozon, Vinay, Arthur Legrand, le baron de Jouvenel, le comte d'Hespel, Mayand, Monnet.

(Voir les n°* 357-357 bis,-424-653-653 bis rectifié — 657-860-945-956-957-1053-1093-1102-1126-1127-1128).

du marché, *dans les magasins du campement à Bordeaux* 100,000 hâvre-sacs, au prix de 14 fr. l'un.

L'art. 2 du traité indiquait le modèle du type.

L'art. 3 obligeait au remplacement et à la reprise des objets non conformes à ce type.

L'art. 4 était relatif au paiement en numéraire et en bons du Trésor.

L'art. 5 énonçait, qu'en cas de retard dans la livraison, il serait fait une retenue de 1 centime par franc et par jour.

Enfin l'art. 6 mettait à la charge de MM. Vallobra et Cᵉ le prix du timbre et d'enregistrement du marché, ainsi que le timbre de la facture.

Pièce n° 1.

De ces deux fournisseurs qui s'engageaient à livrer 100,000 hâvre-sacs en quarante jours, l'un, M. Vallobra était fabricant de produits chimiques à Paris, l'autre, M. Delapierre, était marchand de nouveautés à Niort.

Imcompétents pour une pareille entreprise, ils ne possédaient pas les capitaux nécessaires pour l'exécution de leur marché. Ils n'avaient même pas derrière eux des fabricants sérieux ayant en France des ateliers montés et pouvant leur venir en aide.

M. Vallobra se dégagea tout d'abord vis-à-vis de M. Delapierre moyennant certaines promesses de rémunération. Il se rendit à Londres où le hasard le mit en rapport avec deux compatriotes qui lui offrirent leurs capitaux et se chargèrent de l'exécution matérielle de son marché.

L'un était M. Alexis Boitelle, banquier à Lille et directeur dans cette ville de la succursale du crédit agricole.

M. Boitelle était en relations sociales avec M. Dubois, quart d'agent de change à Paris, retiré à Londres avec sa famille, et c'est M. Dubois qui fut le troisième associé.

MM. Boitelle et Vallobra ne pouvaient rester longtemps à Londres, M. Dubois, au contraire, devait y séjourner. Il se trouvait complètement inoccupé et se chargea de surveiller près des fabricants anglais la confection des hâvre-sacs, et d'en faire opérer l'embarquement et l'expédition sur Bordeaux.

Pièce n° 2.

Un contrat intervint le 30 novembre à Londres (soit neuf jours après la signature du marché de Tours) entre ces trois personnes faisant à cette sorte de société temporaire les apports suivants : Vallobra, son marché avec l'Etat ; Dubois, sa surveillance pour l'exécution ; Boitelle, ses capitaux avec intérêts à 6 0/0.

Les bénéfices et les pertes devaient se partager dans les proportions suivantes :

50 0/0 pour Vallobra.

30 0/0 pour Boitelle.

20 0|0 pour Dubois.

Dans ce contrat M. Boitelle prend la qualité de banquier à Lille. Il ne mentionne nullement son titre de directeur de la succursale du crédit agricole.

Il résulte cependant de la déposition même de M. Boitelle, que les fonds qu'il apportait étaient ceux de cet établissement ; qu'il n'agissait pas en son nom personnel, et que c'est à la succursale dont il était directeur que devaient revenir les 30 0|0 de bénéfices stipulés dans le contrat.

M. Dubois, de son côté, a déclaré s'être considéré dans cette affaire « comme l'agent du crédit agricole. »

Quant à M. Vallobra il a cru avoir à sa disposition non pas les capitaux de M. Boitelle, banquier à Lille, mais bien les capitaux considérables d'une grande compagnie ;

Quoi qu'il en soit de la qualité réelle des contractants, la société nouvelle, après avoir passé l'acte du 30 novembre 1870 possédait des moyens suffisants d'action et pouvait dès le 9 décembre 1870 passer des contrats pour la fabrication des 100,000 hâvre-sacs en Angleterre.

Dans l'un de ces traités, le seul dont l'original ait été déposé par M. Dubois, on remarque :

1° Que le prix à payer à la maison anglaise est de neuf schellings 1 denier, soit 11 francs 15 centimes.

Pièce n° 3.

2° Que les associés français qui n'ont pour dernier délai que le 31 décembre 1870, donnent au fabricant anglais jusqu'au 15 janvier 1871 pour terminer ses livraisons.

La nouvelle société s'exposait donc sciemment à des retards considérables dans les livraisons des hâvre-sacs ; et ces retards ont été tels que l'amende encourue, si elle eût été appliquée, se serait élevée à la somme énorme de 154.000 fr.

En outre, les droits de douane, à l'entrée des hâvre-sacs en France, devenaient exigibles. En effet, dans le traité passé avec l'intendance, l'éventualité de la fabrication des sacs à l'étranger n'était nullement prévue, et les sieurs Vallobra et Cie devaient acquitter les droits de douane s'ils trouvaient leur propre avantage à faire fabriquer en Angleterre les produits destinés à l'exécution de leur marché.

Comment MM. Dubois et Boitelle ont-ils pu, dans de pareilles conditions, prêter leur concours et leurs capitaux à M. Vallobra dont ils connaissaient le peu de surface ?

M. Boitelle n'avait jamais vu M. Vallobra, lorsqu'il lui fut présenté à Londres par M. Dusautoy, ancien associé de M. Godillot.

Les fabricants anglais ne voulaient pas fournir sans avoir reçu d'avance les fonds nécessaires. Il s'agissait pour M. Vallobra de trouver un associé qui possédât ces fonds et qui pût en faire l'avance. Il le trouva en M. Boitelle.

Celui-ci, après avoir pris connaissance du traité primitif fait avec l'intendance à Tours, fit observer à M. Vallobra que si on devait exiger à Bordeaux les droits de douane et la retenue en cas de retard dans la livraison il y aurait perte certaine. M. Vallobra répondit « qu'on lui avait promis formellement la remise des droits de » douane. » Quant au retard dans les livraisons, M. Vallobra ajouta : « On a besoin de hâvre-sacs et on les recevra, car on m'a » promis de ne tenir aucun compte des délais ».

Telle est la version de M. Boitelle.

Mais est-il possible de croire qu'un homme sérieux se soit contenté de pareilles assertions, et que sans prendre plus de garanties il ait avancé la somme considérable de quatorze cent mille francs ?

Pressé de s'expliquer sur ce point, M. Boitelle s'est renfermé dans des termes vagues. Il a assuré toutefois que, lorsque M. Vallobra lui avait promis qu'il serait fait remise des droits de douane, une correspondance établissant le fait, avait été échangée entre les associés.

M. Boitelle a ajouté « dans ces conversations, dans les corres-

» pondances qui promettaient la remise des droits, il n'a jamais été
» question du nom des personnes de l'administration ; mais j'ai dû
» supposer qu'il y avait au pouvoir des personnes bienveillantes
» pour M. Vallobra et je ne les ai pas recherchées. »

M. Vallobra dans sa déposition s'est trouvé en complète contradiction avec M. Boitelle. D'après M. Vallobra, lorsqu'il a traité avec l'Etat, il ignorait la législation douanière. Il n'avait jamais supposé qu'il y eut des droits d'entrée à payer, et il n'a rien su à cet égard, que lorsque le premier envoi de hâvre-sacs anglais est arrivé à Bordeaux, et que la douane a réclamé.

Ainsi, l'un des associés prétend avoir reçu la promesse formelle que certaines relations feront oublier les exigences du traité ; l'autre ne parle point de ces promesses, mais il avoue ingénument qu'il a toujours ignoré l'existence même d'une loi de douane applicable à son marché.

C'est ici qu'il convient de louer la vigilante fermeté que la délégation des finances de Bordeaux a montrée dans cette circonstance.

Un décret qui date de nos premiers revers avait ordonné l'admission en franchise des armes et des munitions. Rien au contraire n'avait été édicté en ce qui concerne les effets d'habillement.

A partir des premiers jours du mois d'octobre 1870, des réclamations furent faites à cet égard par certains préfets et autres fonctionnaires. Ces réclamations, renouvelées à treize reprises différentes, furent suivies de refus successifs motivés par le Conseil des finances.

Il arriva même que le directeur des douanes de l'un de nos grands ports ayant pris sur lui d'accorder une tolérance sans en déférer immédiatement à la délégation du ministère, et ayant laissé des faits regrettables se produire pendant un temps assez long, il fut décidé par le Conseil, dans une séance du 18 octobre 1870 « que de sérieuses représentations seraient adressées à ce chef de service. »

L'administration des douanes de Bordeaux était parfaitement d'accord sur ces principes avec la délégation des finances de Tours et de Bordeaux.

Elle appliqua à l'entrée de tous les effets d'habillement venant de l'Etranger la législation antérieure résultant d'un décret du 6 juin 1807,

L'art. 1ᵉʳ de ce décret était ainsi conçu : « Toutes les marchandises » étrangères qui seront *importées pour les approvisionnements* » de la marine, de la guerre et autres départements sont et de- » meurent assujetties, sans exception, au paiement effectif des droits » à l'introduction en France sur le pied réglé par le tarif des » douanes. »

Si donc comme ils s'y étaient engagés MM. Vallobra et Cᵉ avaient exécuté leurs livraisons dans les délais déterminés ils seraient restés sous le régime du décret de 1807, et, sans pouvoir réclamer, ils au- raient acquitté les droits de douane.

Malheureusement pour nòs finances et pour nos armées, ces four- nisseurs n'ont pas été fidèles à leurs engagements.

Nous étions dépourvus de hâvre-sacs pendant la guerre et MM. Val- lobra n'ont livré ces effets qu'au moment où la paix les rendait in- utiles. Ils n'ont opéré leurs livraisons principales qu'après s'être mis à l'abri d'un décret qui améliorait les conditions de leur mar- ché.

Voici, en effet, d'après M. le directeur des douanes de Bordeaux le tableau des importations de hâvre-sacs effectuées par MM. Val- lobra et Cᵉ :

Dates de l'arrivée des Navires.	Dates des déclarations de consommation.	Nombre des colis.	Nombre de hâvre-sac.
9 janvier 1871.	20 janvier.	20 caisses.	2,000
24 » »	7 février.	60 »	6,000
2 février »	7 »	520 »	52,000
15 » »	17 »	60 »	6,000
21 » »	23 »	70 »	7,000
24 » »	26 »	70 »	7,000
		800	80,000

Il résulte de ce tableau que le premier navire n'est arrivé à Bor- deaux que le 9 janvier 1871 et n'a porté que 2,000 hâvre-sacs. Il en est arrivé 6,000 le 24 janvier et le reste n'est parvenu que successivement, de manière que le 24 février la totalité de ces effets rendus à Bordeaux s'élevait à 80,000.

Dès l'arrivée du premier navire, la douane, en vertu du décret de 1807, réclama le paiement des droits, qui s'élevaient, aux termes du tarif, à 10 0/0 de la valeur, c'est-à-dire à 1 fr. 40 par sac.

Ces droits ne furent pas payés par MM. Vallobra et Cⁱᵉ. et le 19 janvier 1871, M. Laurier, Secrétaire général au ministère de l'Intérieur, intervenant dans cette affaire, adressa une lettre à M. le directeur des douanes de Bordeaux.

« Nous vous prions, lui disait-il, de laisser débarquer les cent » mille hâvre-sacs expédiés par MM. Vallobra aux magasins de cam- » pement de Bordeaux et d'en passer les frais d'entrée au budget de » la guerre. »

Pièce n° 5.

Cette lettre de M. Laurier fut confirmée par M. Mazure, agent compétent du ministère de l'Intérieur.

Pièce n° 6.

M. le directeur des douanes de Bordeaux, pour ne pas entraver la marche des opérations de guerre, laissa entrer une partie des hâvre-sacs en réservant le règlement ultérieur de la taxe par qui de droit.

M. le Directeur avait des scrupules sur le plus ou moins de compétence des deux chefs de service du Ministère de l'Intérieur, à disposer des crédits de la guerre.

Il écrivit dans ce sens le 21 janvier à M. le Secrétaire général Laurier, ainsi qu'à M. le Ministre de la Guerre.

Le même jour, M. Laurier se présenta devant le Conseil des finances, auquel il exposa « Que les nécessités de la défense exi- » geaient que l'introduction des objets d'équipement et d'habillement » achetés par le département de la Guerre à l'étranger, fût affranchie » des retards qu'entraînent les formalités de la douane. » M. Laurier voulait ainsi assurer à la Guerre, la délivrance immédiate des fournitures militaires.

Il lui fut répondu par le Conseil : « Que si la franchise ne peut » pas être accordée aux objets achetés par l'État à l'étranger, et si » ce principe doit être scrupuleusement maintenu, pour éviter les » abus qui ne manqueraient pas de se produire, il est possible

» d'assurer par un autre moyen la rapidité des livraisons. En effet, le
» payement immédiat des droits n'est pas impérieusement exigé, et
» les services des douanes ont reçu des instructions pour l'intro-
» duction des objets importés, sous la simple garantie de sou-
» missions pour l'acquittement ultérieur des droits constatés. Cette
» garantie peut même être donnée par l'Intendance militaire ; et le
» département de la Guerre reste ainsi maître à son choix, soit d'im-
» poser aux contractants la charge résultant du paiement des droits,
» soit de la prendre à son compte, s'il le juge à propos. »

M. Laurier se contenta de cette réponse.

Quant à M. le Directeur compétent au Ministère de la Guerre,
M. Lahaussois, il répondit à M. le Directeur des Douanes, une lettre
par laquelle, loin de prendre un engagement, il allait jusqu'à nier
l'existence du marché Vallobra.

Cette dénégation ne pouvait provenir évidemment, que de l'af-
freux désordre occasionné par les évènements dans l'administration
de Bordeaux : car le marché Vallobra avait été bien et dûment
passé le 21 novembre à Tours, avec l'Intendance.

M. de Roussy, délégué des finances à Bordeaux, approuva ver-
balement l'attitude du Directeur des Douanes, M. Denelle, qui
déclarait purement et simplement, que le décret de 1807 devait
être maintenu.

En présence de cette résistance du Directeur des Douanes et du
Conseil des finances, MM. Vallobra et Cie allaient être obligés de
payer les droits d'entrée, lorsque, le 28 janvier 1871, les membres
de la délégation de Bordeaux rendirent un décret qui détruisait la
législation en vigueur, et ordonnait : « l'admission en franchise à
» tous les bureaux de douane, des effets de harnachement, d'équi-
» pement et d'habillement achetés ou à acheter à l'étranger pour le
» compte des départements de la Guerre, de la Marine et de l'In-
» térieur, sous la condition d'une déclaration indiquant la quantité,
» et la destination. »

Dès que le Conseil des finances eut connaissance de ce décret, il
protesta énergiquement et représenta au Gouvernement « combien
» les conséquences en étaient fâcheuses, tant au point de vue du
» commerce international, que de la gestion des deniers publics et

Pièce n° 7.

Pièce n° 8.

» dè l'administration des finances, dont les règles étaient mécon-
» nues. »

Le Conseil des finances motiva longuement cet avis, dans sa
séance du 1ᵉʳ février 1871, et cet avis, que l'on retrouvera plus loin   Pièce n° 9.
fut inséré dans le recueil de ses procès-verbaux.

Le Directeur des Douanes chargé de l'application du nouveau
décret, jugea de son côté que cette nouvelle franchise ne pouvait
profiter aux hâvre-sacs du sieur Vallobra, et refusa d'en accorder le
bénéfice à un marché passé deux mois auparavant.

M. Vallobra apprit à Londres par un télégramme, que les mêmes
difficultés subsistaient encore. Il se rendit à Bordeaux, et le 5 février
il adressa à M. le Directeur des Douanes, une lettre dans laquelle
on lit ces mots :

« Je vous serai obligé, Monsieur, de m'indiquer les moyens de   Pièce n° 10.
» lever la difficulté qui se présente, et s'il suffit d'échanger la
» lettre de M. Laurier, je vous prie de la confier au porteur de la
» présente. Je ferai faire les modifications aujourd'hui même. »

Le même jour, le 5 février, une lettre spéciale du Ministre de   Pièce n° 11.
l'Intérieur et de la Guerre, prescrivit au Directeur des Douanes de
Bordeaux, d'appliquer le bénéfice du nouveau décret à la fourniture
de M. Vallobra.

C'est donc par suite des démarches réitérées de ce fournisseur, et
Grâce aux instructions spéciales obtenues par lui, du Ministre de la
Guerre, que le décret du 28 janvier recevait un effet rétroactif.

L'application de ce décret se trouvait étendue à un marché passé
le 21 novembre 1870, sous l'empire du décret de 1807.

Enfin le fournisseur économisait les droits sur 80,000 hâvre-sacs
et bénéficiait d'une somme de 112,000 francs au préjudice du Trésor.

Il était impossible d'admettre que le décret du 28 janvier eût de
pareilles conséquences, et pour mieux asseoir votre jugement vous
avez voulu entendre les personnes qui étaient intervenues dans cette
affaire.

Vous avez d'abord vu M. l'Intendant de Lorme dont le nom est au
bas du traité Vallobra.

M. de Lorme ne s'est plus rappelé avoir passé et signé ce marché.

Mais après en avoir relu les termes il a pensé comme vous, que puisque le fournisseur semblait, d'après son traité, devoir livrer des hâvre-sacs français, il prenait les droits d'entrée à sa charge en commandant ces marchandises en Angleterre.

M. Laurier entendu quelques jours après, n'a pas partagé devant vous cette manière de voir.

Notre honorable collègue après avoir déclaré qu'il ne connaissait ni M. Vallobra ni son marché, s'est élevé contre toute pensée qu'on ait voulu faire une faveur et que cette faveur se soit adressée à M. Vallobra.

On avait besoin d'équipements militaires, il les fallait à tout prix ; et dans cette affaire M. Laurier n'a, dit-il, agi « que sur les ordres » de *son ministre*, mais de son double ministre de l'Intérieur et de » la Guerre en même temps son ami. »

Il n'a fait en un mot que « porter une commission à la douane. »

« M. Vallobra, » ajoute M. Laurier, « a pu être un des hommes qui » m'ont le plus ennuyé et ce que je puis affirmer en mon nom et » au nom de M. Gambetta, c'est que certainement les démarches » de M. Vallobra avaient moins pour but d'obtenir du ministre la » démarche qu'il m'a fait faire que d'avoir le décret et la lettre qui » l'ont suivie.

« Cet homme, » dit enfin M. Laurier, « a dû se présenter comme » ayant droit à un titre quelconque, de ne pas payer les frais de » douane ; mais, soyez sûrs que M. Gambetta n'a pas voulu faire une » faveur à M. Vallobra. Si elle existe, n'ayez aucun doute ; M. Val-» lobra a surpris la bonne foi de M. le Ministre. »

Telles sont les paroles de M. Laurier sur la personne et les démarches de M. Vallobra.

Quant au décret du 28 janvier 1871, ce décret n'avait qu'un but, suivant M. Laurier : celui d'éviter pour M. Vallobra, ainsi que pour les autres fournisseurs, un simple virement d'écritures et de dispenser ces fournisseurs du paiement provisoire des droits de douane.

Il suffisait en effet, d'après M. Laurier, que des produits étrangers fussent livrés, même par des tiers, au Gouvernement français, pour que, d'après le décret de 1807, et sauf stipulations contraires, les droits d'entrée fussent à la charge de l'Etat.

M. Laurier pense donc que, même sous l'empire du décret de 1807, M. Vallobra aurait toujours eu le droit de réclamer que remise lui fut faite des droits de douane.

Une pareille théorie aurait pour résultat, si elle était admise, d'autoriser tous les fournisseurs qui depuis 1807 ont livré aux départements ministériels de nombreux produits étrangers, à exercer un droit de répétition envers l'Etat.

Le Trésor aurait à leur restituer les sommes considérables encaissées par la douane pour les fournitures militaires tirées des pays voisins.

Vous n'avez pu partager cette manière de voir de notre collègue.

Du moment, en effet, qu'un département ministériel adjuge une fourniture, pour des marchandises étrangères, le fournisseur calcule à l'avance son prix suivant le traité qu'il accepte. Il n'ignore pas que le prix auquel il soumissionne, doit différer, à peu près de toute la quotité du droit, suivant qu'il paiera ce droit ou qu'il le laissera à la charge de l'Etat.

Mais si, comme dans le marché Vallobra, le traité accepté par le fournisseur ne vise même pas des marchandises étrangères; si ces marchandises peuvent être fabriquées en France ou trouvées sur le marché français; si en outre le prix spécifié dans le traité est le prix même des objets de nature semblable livrés en France au même moment, il ne peut plus y avoir de doute: S'il entre alors dans les convenances du traitant d'acheter à l'étranger, il n'a nul droit de réclamer, lors de la livraison, la restitution des droits de douane.

Voici donc l'économie réelle du décret du 6 juin 1807.

Lors de l'introduction de marchandises étrangères, la douane française doit, d'après ce décret, et quoi qu'il arrive, assurer toujours le recouvrement des droits.

Elle n'a pas à s'enquérir si le montant de ces droits restera ou ne restera pas finalement à la charge des fournisseurs.

Lorsque les produits sont importés par les départements ministériels eux-mêmes, la remise de ces produits est faite aux agents de ces départements mais sous soumission expresse d'acquitter ultérieurement les droits. Lorsque l'importation au contraire est faite par le fournisseur, les droits sont versés par lui immédiatement.

C'est au département ministériel qui a consenti un marché d'en faire exécuter toutes les clauses. C'est à lui de savoir, d'après la lettre du contrat, s'il s'est engagé à payer lui-même les droits de douane, ou si ces droits restent finalement à la charge du vendeur.

Le décret de 1807 a été constamment appliqué de cette manière, sauf pour des objets de faible importance, introduits comme modèle ou pour servir à des expériences.

Deux exceptions ont été cependant autorisées sous le régime impérial (et ce sont les seules qui nous aient été signalées par M. le Directeur général des douanes et par M. le Ministre de la guerre).

A l'époque de la guerre de Crimée (1855-1856) des achats considérables de draps de troupe furent opérés en Angleterre pour le compte du Gouvernement français, et M. le Ministre des finances autorisa l'entrée en franchise de ces étoffes.

Plus tard, sur la demande du maréchal Niel, cent mille fusils chassepot, qui avaient été commandés à la société Cahen-Lyon et qui devaient être fabriqués en Angleterre, en Belgique, en Italie et en Espagne, furent admis en franchise, en vertu de décisions de M. le Ministre des finances des 27 mars et 24 juin 1867.

Ces infractions au décret de 1807 ont été très fâcheuses, car elles pouvaient ouvrir la porte à de nombreux abus, et devenaient pour l'avenir un exemple regrettable.

L'affaire qui nous occupe, ne s'est pas produite sous les mêmes conditions : Elle présente un caractère d'originalité et de gravité toutes particulières.

M. Vallobra, fabricant de produits chimiques a obtenu une fourniture de cent mille hâvre-sacs.

Il doit les livrer en 40 jours, c'est-à-dire, le 31 décembre 1870 dans les magasins de Bordeaux.

Son contrat est muet sur la provenance des objets à livrer. Il peut les tirer de France et rien ne dit que l'administration l'autorise à les tirer de l'étranger avec l'augmentation des prix résultant des droits de douane.

Il lui convient de faire fabriquer ses sacs en Angleterre, et, pour cela, il a besoin de fonds.

Il s'en procure, s'il faut en croire son bâilleur de fonds, en promettant que, grâce à des relations et des influences dont il garde le secret, il obtiendra d'avantageuses facilités.

Il passe lui-même des marchés avec des fabricants anglais et ne s'inquiète pas plus des retards qu'il éprouvera dans la livraison de leurs produits que des droits d'entrée qu'il aura à payer.

Les retards qu'il a prévus le mettent sous le coup d'une amende de 154,000 francs et il obtient que cette amende lui soit remise.

Il met ces retards à profit pour tâcher d'affranchir sa fourniture des droits de douane.

Il multiplie ses démarches et, à force d'instances, il obtient l'intervention du Secrétaire général au Ministère de l'Intérieur.

Ces démarches, cette intervention sont inutiles et ne peuvent briser la résistance du Conseil des finances et de la direction des douanes de Bordeaux.

M. Vallobra redouble ses efforts et fait si bien que, suivant l'expression pittoresque que vous avez entendue, il obtient, de M. Gambetta « *qu'il fasse légiférer le gouvernement* (1). »

Le décret obtenu ne suffit pas encore, M. Vallobra insiste et le 5 février M. Gambetta intervient « *avec le quos ego, de sa situation personnelle de ministre de la guerre* (2). »

« C'est seulement alors, dit M. le Directeur des douanes de
» Bordeaux, que M. Vallobra a profité de la franchise; non en
» vertu du décret du 28 janvier 1871, postérieur à son marché,
» mais par suite de la lettre de M. le Ministre de la guerre du 5
» février, aux termes de laquelle l'exemption des droits était acquise
» à cette fourniture. »

Dans cet état de choses, et considérant que le décret du 28 janvier 1871 portant *admission en franchise de douane, des effets d'habillement et d'équipement de fabrication étrangère achetés pour le compte des départements de la guerre et de la marine,* ne

---

(1) Dépositions sténographiques de M. Laurier. Séance du 9 mars.
(2)   Id.   Id.

saurait s'appliquer qu'aux achats opérés directement par l'état, et nullement à ceux opérés par des tiers n'ayant aucune mission pour les faire ;

Considérant que le décret du 28 janvier ne pouvait dans aucun cas, aux termes de la législation française, avoir d'effet rétroactif, et que ces conditions de rétroactivité n'ont été réclamées que par le sieur Vallobra ;

Considérant que la lettre de M. Gambetta du 5 février, qui seule a valu au marché Vallobra le bénéfice du décret du 28 janvier, semblerait avoir eu pour objet l'intérêt spécial du fournisseur plutôt que l'intérêt public, et que dès lors il paraît évident que la religion de M. le Ministre de l'Intérieur et de la Guerre a été surprise;

Considérant que si M. le Directeur de la guerre et les membres du gouvernement ont pu, dans des circonstances troublées, ignorer les clauses et l'existence du marché Vallobra, il n'en est pas moins vrai que le fournisseur n'avait nul droit de profiter de cette ignorance pour s'affranchir de payer les droits considérables qu'il devait au trésor;

Considérant enfin qu'il ne serait ni juste, ni moral que le sieur Vallobra s'étant mis en faute par des livraisons tardives qui ont causé un grand préjudice et de sérieux embarras au gouvernement de la défense nationale, tirât de sa faute un avantage, et réalisât par ce fait un bénéfice sur lequel il ne pouvait compter ;

Votre commission estime qu'il y a lieu de penser que le décret du 28 janvier n'était et ne pouvait être applicable au marché Vallobra passé deux mois auparavant.

Et comme il résulte d'un rapport présenté le 31 janvier 1872 par M. l'intendant militaire de Bordeaux, qu'il reste encore dû à M. Vallobra et Cᵉ, une somme de 186,666 fr. 66 sur le montant des 80,000 hâvre-sacs par eux livrés, votre commission vous propose de signaler à l'attention de M. le Ministre de la Guerre les faits qui viennent de vous être exposés afin que M. le Ministre examine s'il n'y aurait pas lieu de retenir sur ce reliquat la somme 112,000 francs pour le montant des droits afférents aux 80,000 hâvre-sacs livrés par M. Vallobra.

Mais ces conclusions ne sont pas les seules que vous deviez tirer des faits qui viennent d'être développés devant vous.

Les actes de la délégation de Bordeaux qui les ont fait naître méritent aussi vos justes critiques.

C'est en effet le 28 janvier 1870, le jour de la cessation des hostilités, que le décret de 1807 est rapporté.

C'est le 5 février, huit jours après l'armistice, qu'une lettre ministérielle, ordonne l'application du nouveau décret à l'affaire Vallobra.

Enfin c'est au moment où la France épuisée attend la paix avec anxiété et réclame de sérieuses et promptes économies, que l'État abandonne une source considérable de revenus.

Au milieu des embarras de la guerre, et lorsque la lutte paraissait encore possible à de généreuses illusions, la délégation de Bordeaux devait, nous dit-on, se préoccuper des moyens d'accélérer la remise des effets militaires, et pouvait exiger que la vérification de ces produits fut rendue plus sommaire à la douane. Mais n'avez-vous pas vu, à ce moment même, le conseil des finances, résistant à toutes les pressions, déclarer qu'il était inutile et même dangereux de rapporter le décret de 1807 et donner d'autres moyens d'assurer la rapidité des livraisons ?

Avec la cessation des hostilités le décret du 28 janvier 1871 n'avait plus aucune raison d'être.

Pour accélérer la livraison des effets militaires on n'avait plus à se préoccuper de donner de plus grandes facilités et d'assurer de plus gros bénéfices à certains fournisseurs d'occasion qui n'avaient quitté leurs occupations habituelles que pour spéculer sur les besoins de la guerre.

L'armistice devenait un stimulant suffisant pour eux, car ils n'ignoraient pas que la paix venant bientôt après, aurait pour effet d'arrêter immédiatement la source de leurs spéculations et d'exposer leurs produits à un plus sérieux examen.

Le décret du 28 janvier ne pouvait donc avoir qu'un résultat regrettable et ce résultat a été malheureusement obtenu.

La douane seule de Bordeaux a en effet perdu plus d'un million de francs par suite de l'introduction en franchise des produits étrangers, et, par l'effet du décret de 1871, le chiffre total de la perte éprouvée par l'état s'est élevé au moins à deux millions.

Ce chiffre se serait élevé encore bien plus haut, si le nouveau gouvernement n'avait, par un arrêté rendu le 29 mai 1871, rapporté le décret du 28 janvier et n'était revenu aux sages prescriptions du décret de 1807.

Après tous nos désastres, cette perte de plusieurs millions provenant d'une mesure intempestive et d'un décret inutilement rendu, n'est pas sans importance, et des tristes faits qui nous occupent nous devons tirer cet enseignement :

Que, quels que soient les hommes que les événements amènent au pouvoir, si le gouvernement qu'ils dirigent ne reconnaît aucun contrôle, n'écoute aucun conseil et n'admet aucun frein il est fatalement amené à des actes préjudiciables aux vrais intérêts de la nation.

PIÈCES JUSTIFICATIVES

Pièce n° 1.

MARCHÉ POUR LA FOURNITURE DE 100,000 HAVRE-SACS.

Entre nous, sous-intendant militaire à Tours, agissant au nom et pour le compte de l'Etat, en vertu des ordres du Ministre, en date du dix-neuf novembre, notifiés par M. l'intendant militaire de la 18e division ce dit jour, d'une part ;

Et MM. Vallobra, Delapierre et C°, négociants, demeurant à Bruxelles, Hôtel de la Poste, d'autre part,

Il a été convenu ce qui suit :

Art. 1er. — Les sieurs Vallobra, Delapierre et C° s'engagent à livrer, dans le délai de quarante jours, à partir de la date du présent marché, dans les magasins de campement, à Bordeaux, cent mille hâvre-sacs, au prix de quatorze francs l'un.

Art. 2. — Les hâvre-sacs désignés ci-dessus seront conformes au modèle type déposé par les sieurs Vallobra, Delapierre et C°, avec la modification suivante :

Que ces hâvre-sacs devront avoir une grande courroie, plus forte et plus souple que dans le modèle qu'ils ont déposé.

Art. 3. — Les sieurs Vallobra, Delapierre et C° consentent à reprendre pour leur compte et à faire remplacer de suite ceux de ces hâvre-sacs qui ne rempliraient pas les conditions désignées ci-dessus.

Art. 4. — Le paiement sera fait aux sieurs Vallobra, Delapierre et C°, au fur et à mesure de la livraison de vingt mille hâvre-sacs, au moins, sur mandat direct du sous-intendant militaire, par à-compte des cinq sixièmes, sur facture régulière, portant réception et prise en charge par l'officier attaché au campement, à raison de cinquante pour cent en bons du Trésor, payables à trois mois, avec intérêts, le sixième restant sera ordonnancé après livraison complète.

Art. 5. — En cas de retard, il sera fait aux sieurs Vallobra, Delapierre et C° une retenue de un centime par franc et par jour de retard, des quantités non livrées.

Art. 6. — Les frais de timbre et d'enregistrement du présent marché et le timbre de la facture sont à la charge des sieurs Vallobra, Delapierre et C°.

Fait en triple expédition, à Tours, le vingt-un novembre mil-huit cent soixante-dix.

Signé : VALLOBRA, DELAPIERRE et C° et DE LORME.

Enregistré à Tours, le vingt-un novembre mil-huit cent soixante-dix. Folio 53, n°   , case 4.

Reçu deux francs, décime trente centimes.

Signé : LECLAINCHE.

Pour copie conforme :
L'intendant militaire de la 14° division,
Signé : PÉRONNEAU.

Pour copie conforme :
Le sous-intendant militaire,
Signé DE LORME.

Pièce n° 2.

ACTE D'ASSOCIATION ENTRE M. VALLOBRA, A. BOITELLE
ET C. DUBOIS.

Les soussignés :

M. Maurice Vallobra, négociant, demeurant à Paris, étant en ce moment à Londres, agissant comme représentant seul la société Vallobra, Delapierre et C° par suite des conventions intervenues entre lui et ses associés qu'il a désintéressés, ainsi qu'il en a justifié,

D'une part ;

M. Alexis Boitelle, banquier, demeurant à Lille, étant en ce moment à Londres, logé Charing Cross hôtel,

D'une deuxième part ;

Et M. Charles Dubois, demeurant à Paris, étant aussi dans ce moment à Londres, Charing Cross hôtel,

D'une troisième part;

Ont exposé et fait ce qui suit :

Suivant un marché fait en trois originaux, à Tours, le vingt-un du présent mois de novembre, entre MM. Vallobra, Delapierre et C⁰ et le sous-intendant militaire de Lorme, agissant pour le compte de l'Etat, MM. Vallobra, Delapierre et C⁰ se sont engagés à livrer, dans un délai de quarante jours, à partir de la date dudit acte, et dans les magasins du campement de Bordeaux, cent mille hâvre-sacs, au prix de quatorze francs l'un, payables à mesure des livraisons par à-compte des cinq sixièmes, à raison de cinquante pour cent en numéraire et cinquante pour cent en bons du Trésor, payables à trois mois, avec intérêts; l'autre sixième devant compléter ce prix payable immédiatement après la dernière livraison.

M. Vallobra désirant s'assurer le concours financier de M. Boitelle et la coopération commerciale de M. Dubois, a proposé à ces Messieurs de les intéresser pour moitié, tant dans l'entreprise qu'il a faite pour la fourniture des hâvre-sacs, que dans tous autres marchés qu'il pourrait conclure à l'avenir pour fournitures militaires, soit avec le Gouvernement français, soit avec les départements ou avec des intermédiaires.

MM. Boitelle et Dubois, ayant accepté ces propositions, les soussignés ont fait entre eux les conventions suivantes :

Art. 1ᵉʳ.—MM. Vallobra, Boitelle et Dubois s'associent par les présentes, en participation pour l'exécution du marché conclu entre la société Vallobra, Delapierre et C⁰ et le Gouvernement français, pour la fourniture de hâvre-sacs dont il a été parlé ci-dessus et aussi pour tous autres contrats que M. Vallobra pourrait passer à l'avenir pour fournitures militaires, directement ou indirectement, soit avec le Gouvernement français, soit avec les départements ou tous intermédiaires.

Art. 2. — L'intérêt de chaque associé dans la Société sera de moitié pour M. Vallobra, trente pour cent pour M. Boitelle, et vingt pour cent pour M. Dubois.

Art. 3.—M. Dubois sera chargé de l'achat des matières premières et aura la direction des travaux de confection des hâvre-sacs vendus. Il surveillera les livraisons et mandatera les paiements qui seront faits aux fournisseurs.

M. Vallobra fera tous autres marchés qui pourraient être conclus par la suite, pour les fournitures dont il a été parlé, et surveillera les livraisons à faire en France au Gouvernement, aux départements ou aux particuliers.

La comptabilité sera tenue par M. Dubois, qui devra en donner communication à ses associés à leur réquisition et leur fournir, tous les mois, s'ils le désirent, un état de situation.

Quant à M. Boitelle, il s'engage à fournir tous les fonds nécessaires, tant à l'entreprise actuellement en cours d'opération, qu'aux entreprises ultérieures. Il fera les encaissements de toutes les sommes dues à la Société, à mesure de leur exigibilité, au moyen de délégations spéciales que lui consentira M. Vallobra. Il lui sera tenu compte par la Société de l'intérêt de ses avances, à raison de six pour cent l'an.

Art. 4.—Immédiatement après l'entière livraison des hâvre-sacs, les associés régleront entre eux le compte général de l'opération, et après que M. Boitelle aura prélevé les avances en principal et intérêt, ainsi qu'il a été dit, ils se partageront les bénéfices dans la proportion de l'intérêt de chacun d'eux dans la Société.

Les pertes, s'il y en a, seront supportées dans la même proportion.

Il en sera de même après l'achèvement de chacune des opérations qui seront faites en exécution des présentes.

La liquidation de chaque entreprise sera faite par M. Boitelle, pour le compte de la Société.

Fait en trois originaux, à Londres, le trente novembre mil huit cent soixante-dix.

Lu et approuvé.
Signé : VALLOBRA.

Approuvé l'écriture,
Signé : A. BOITELLE.

Lu et approuvé,
Signé : Th* DUBOIS.

Pièce nᵒ 3.

TRAITÉ ENTRE MM. VALLOBRA, BOITELLE ET DUBOIS AVEC JOHN POUND ET Cᵉ DE LONDRES, LE 9 DÉCEMBRE 1870, POUR L'ACHAT DE 20,000 HAVRE-SACS. (Traduction de l'anglais).

Acheté à John Pound et Cᵉ, conformément à l'échantillon déposé avec M. Dubois, par MM. Vallobra et Boitelle, banquiers à Lille.

Nombre : 20,000 hâvre-sacs, pour être livrés franco à bord, en Tamise, non loin de Blackwall, soit sur le quai, soit dans le dock (les navires devant être désignés par l'acheteur ou ses agents).

Prix : Neuf schellings et un denier par hâvre-sac.

Livraison : Pour être commencée dans les dix jours de la date ci-dessous et pour être complétée le 15 janvier 1871 ou avant, aucune portion moindre de 1000 hâvre-sacs ne pouvant être livrée à la fois.

Inspection : M. Dubois sera l'inspecteur, aucune question d'aucune espèce ne sera soulevée après son inspection.

Payement : Sera fait en monnaie anglaise lors de la présentation des caisses en inspection, ladite inspection devant être faite 24 heures après avis que les effets sont prêts pour inspection et livraison.

Les acheteurs paieront 1000 livres au moins au vendeur comme garantie du plein accomplissement de ce contrat, le dit payement à valoir sur les dernières livraisons prévues au contrat.

En cas de discussion soulevée de part ou d'autre, un arbitre sera nommé par chaque partie et un tiers expert, s'il est nécessaire, sera appelé pour fixer le montant des dommages à recevoir.

Pièce nᵒ 4.

DÉCRET DU 6 JUIN 1807 qui assujettit au payement des droits de douanes les marchandises importées pour le compte de la marine et de la guerre.

Art. 1er. — Toutes les marchandises étrangères qui seront importées pour les approvisionnements de la marine, de la guerre et autres départements, sont et demeurent assujetties, sans exception, au payement effectif des droits à l'introduction en France, sur le pied réglé par le tarif des douanes.

Art. 2. — Les fournisseurs ou agents du Gouvernement seront tenus de payer provisoirement lesdits droits d'entrée dont ils obtiendront le remboursement sur les fonds de la marine, de la guerre ou du Trésor public, sur la représentation des acquits de payement et lorsqu'il aura été reconnu que lesdits acquits sont applicables à des marchandises réellement employées pour le compte du Gouvernement.

Art. 3. — Nos Ministres des Finances, de la Guerre, de la Marine et du Trésor public, sont chargés, chacun en ce qui le concerne, de l'exécution du présent décret.

Pièce n° 5.

Bordeaux 19 janvier 1871.

Monsieur le directeur des douanes. Nous vous prions de laisser débarquer les cent mille havre-sacs, expédiés par MM. Vallobra et Cᵉ, aux magasins de campement à Bordeaux et en passer les frais d'entrée au budget de la guerre.

Agréez etc.

Signé: G. LAURIER.

Pour copie certifiée conforme par le directeur des douanes soussigné :

Bordeaux le 14 janvier 1872.

Signé : DENELLE.

Pièce n° 6.

Au nom de Monsieur le directeur général des douanes et en mon nom personnel, j'autorise Monsieur Vallobra à enlever ses cent mille hâvre-sacs et à passer les frais de douane à la charge du budget de la guerre, selon la décision de M. le Ministre de la Guerre, à la date du 14 janvier 1870.

Pour M. le directeur général de l'Intérieur délégué.

Ce 19 janvier 1870.

Le directeur général adjoint.
Signé : E. MAZURES.

Pour copie certifiée conforme par le directeur des douanes sous-signé :

Bordeaux 16 janvier 1872.

Signé : DENELLE.

Pièce n° 7.

Bordeaux 23 janvier 1871.

Monsieur le Directeur,

J'ai reçu la lettre par laquelle vous demandez de déclarer que le département de la guerre prend l'engagement de solder les taxes dues au Trésor pour 100,000 havre-sacs présentés à la douane par M. Vallobra.

Le département de la guerre n'a aucun traité avec M. Vallobra et ne peut, par conséquent, donner la déclaration demandée.

Recevez etc.

Le Ministre de l'Intérieur et de la Guerre,
Pour le Ministre et par son ordre,
Le Sous-Directeur,
Signé : LAHAUSSOIS

Pour copie certifiée conforme par le Directeur des douanes sous-signé.

Bordeaux 16 janvier 1872

Signé : DENELLE.

Pièce n° 8.

Décret du 28 janvier 1871, qui admet en franchise les effets de harnachement, d'équipement et d'habillement.

Les membres du Gouvernement de la défense nationale,

En vertu des pouvoirs à eux délégués,

Décrètent :

Art. 1er. — Sont admis en franchise à tous les bureaux de douane de la frontière française les effets de harnachement, d'équipement et d'habillement achetés ou à acheter à l'étranger pour le compte de l'un des départements de la Guerre, de la Marine et de l'Intérieur, sous la condition d'une déclaration indiquant la quantité et la destination.

Il sera fait exception pour les achats déjà faits dans lesquels les vendeurs auront pris l'engagement d'acquitter les droits d'entrée.

Art. 2.— Les Ministres de la Guerre, de la Marine, de l'Intérieur et des Finances sont chargés, chacun en ce qui les concerne, de l'exécution du présent décret.

Fait à Bordeaux, le 28 janvier 1871.

Les membres du Gouvernement :

L. Gambetta. A. Crémieux, L. Fourrichon, Glais-Bizoin.

Le délégué au département de la guerre,

De Freynet.

Pièce n° 9.

Le Conseil de finances s'est réuni le 1er février 1871 sous la présidence de M. de Roussy.

Tous les membres sont présents. Un décret qui exonère de tous droits à l'importation les effets de harnachement, d'équipement et d'habillement destinés à l'armée ou à la garde nationale, a été rendu par le gouvernement à la date du 28 janvier dernier, sans que le département des finances ait été préalablement consulté.

Le Conseil émet l'avis qu'il soit représenté au gouvernement combien les conséquences de ce décret sont fâcheuses, tant au point de vue du commerce international que de la bonne gestion des deniers publics et de l'administration des finances, dont les règles sont méconnues.

En effet, ce décret n'établit aucune distinction d'origine des produits ; il détruit l'économie des tarifs stipulés par des traités avec certains pays qui ont accordé à la France la réciprocité, et il faut s'attendre sous ce rapport à des réclamations nombreuses. En outre, comme il y a lieu de présumer que tous les fonctionnaires de l'État qui passent des marchés ne peuvent se rendre un compte exact de l'importance des droits de Douane, et par conséquent du rabais que l'admission en franchise devrait produire dans le prix de l'objet fabriqué, on est fondé à concevoir les craintes les plus sérieuses sur la réalisation des économies qui devraient résulter de l'application de ce décret. Des spéculations préjudiciables aux intérêts du Trésor s'établiront sans nul doute. Sous le rapport de l'exécution, le décret paraît également prêter à la critique ; en effet, à des formalités peu importantes et que le département des finances s'était attaché à lever, en permettant l'importation sur une garantie du payement ultérieur des taxes par qui de droit, il substitue une difficulté réelle résultant de l'obligation d'exiger la production des marchés contractés antérieurement au décret, pour s'assurer s'ils ne stipulent pas le payement des droits.

Pièce n° 10.

Bordeaux 5 février 1871.

Monsieur le Directeur des douanes,

Un télégramme est venu m'apprendre à Londres qu'il se présentait une difficulté pour l'admission, en franchise de droits, de mes hâvre-sacs pour la guerre.

Je suis revenu de suite afin de diminuer les frais de surestaries qui augmentent chaque jour. Je vous serai obligé, Monsieur le Directeur, de m'indiquer le moyen de lever la difficulté qui se présente et s'il suffit de changer la lettre de M. Laurier que j'ai eu l'honneur de vous remettre, je vous prie de vouloir bien la confier au porteur de la présente. Je ferai faire les modifications nécessaires, aujourd'hui même, devant commencer le déchargement demain matin à 7 heures et exécuter immédiatement la livraison.

Veuillez agréer etc.

Signé : Vallobra

Pour copie certifiée conforme par le Directeur des douanes sous-signé.

Bordeaux 16 janvier 1872.

Signé : Denelle.

Pièce n° 11.

Bordeaux 5 février 1871.

Le Ministre de la guerre fait connaître à Monsieur le Directeur des douanes à Bordeaux que les cent mille havre-sacs à livrer par M. Vallobra sont destinés à la guerre et que leur admission doit avoir lieu avec franchise.

Le Ministre de l'Intérieur et de la Guerre,
L. Gambetta.

Pour copie certifiée conforme par le Directeur des douanes soussigné.

Bordeaux, 16 janvier 1872.

Signé : Denelle.

VERSAILLES. — CERF, IMPRIM. DE L'ASSEMBLÉE NATIONALE, 59, RUE DU PLESSIS.

www.ingramcontent.com/pod-product-compliance
Lightning Source LLC
LaVergne TN
LVHW020504060726
842525LV00005B/1886